Impressum
Verlag: BABADADA GmbH, Nedderfeld 112 , 22529 Hamburg
Geschäftsführer / Verlagsleitung: Harald Hof
Druck: Books on Demand GmbH, In de Tarpen 42, 22848 Norderstedt

Imprint
Publisher: BABADADA GmbH, Nedderfeld 112 , 22529 Hamburg, Germany
Managing Director / Publishing direction: Harald Hof
Print: Books on Demand GmbH, In de Tarpen 42, 22848 Norderstedt, Germany

# skole
# skola

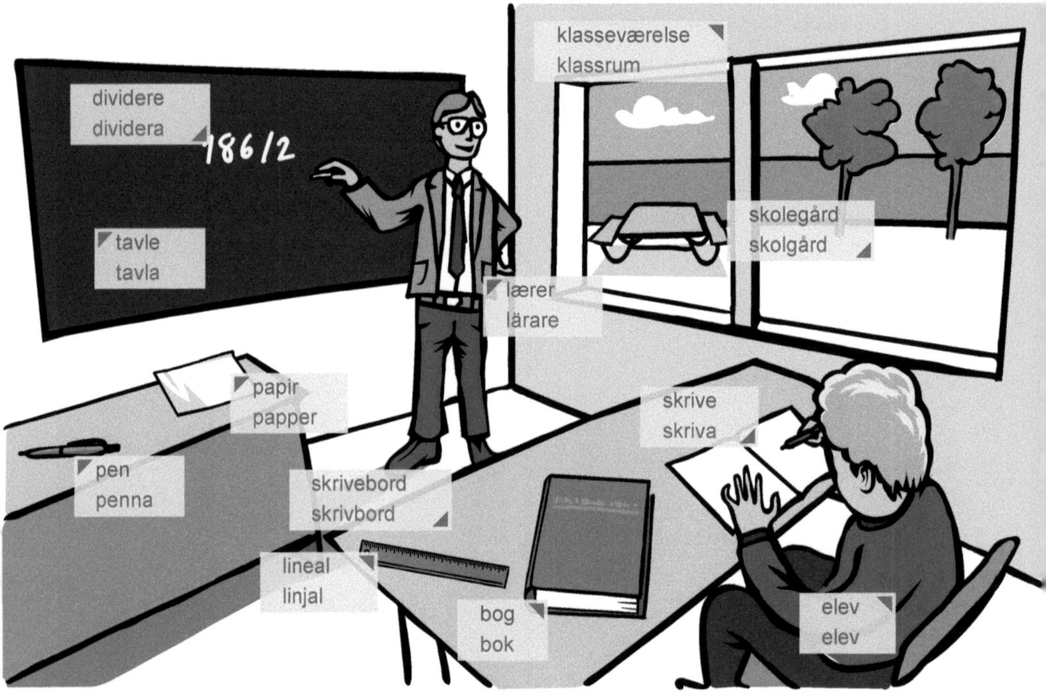

klasseværelse
klassrum
dividere
dividera
186/2
tavle
tavla
skolegård
skolgård
lærer
lärare
papir
papper
skrive
skriva
pen
penna
skrivebord
skrivbord
lineal
linjal
bog
bok
elev
elev


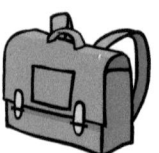

skoletaske

skolväska

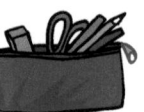

penalhus

pennfodral

blyant

blyertspenna

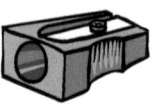

blyantspidser

pennvässare

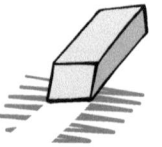

viskelæder

suddgummi

tegneblok

ritblock

tegning

teckning

pensel

pensel

æske med vandfarver

målarlåda

saks

sax

lim

lim

opgavehefte

övningsbok

lektie

hemläxa

**12**

tal

tal

**2+2**

addere

addera

**5-2**

subtrahere

subtrahera

**2×2**

multiplicere

multiplicera

regne

räkna

bogstav

bokstav

**ABCDEFG HIJKLMN OPQRSTU VWXYZ**

alfabet

alfabet

ord

ord

tekst

text

læse

läsa

kridt

krita

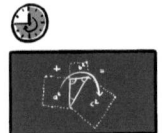

time

lektion

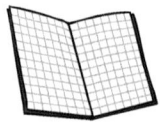

klasseprotokol

register

eksamen

prov

karakterbog

intyg

skoleuniform

skoluniform

uddannelse

utbildning

leksikon

uppslagsverk

universitet

universitet

mikroskop

mikroskop

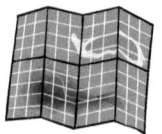

kort

karta

papirkurv

papperskorg

skole - skola

# rejse
# resa

hotel
hotell
Grand
herberg
vandrarhem
ROOMS
EXCHANGE
vekselkontor
växelkontor
kuffert
resväska
bil
bil


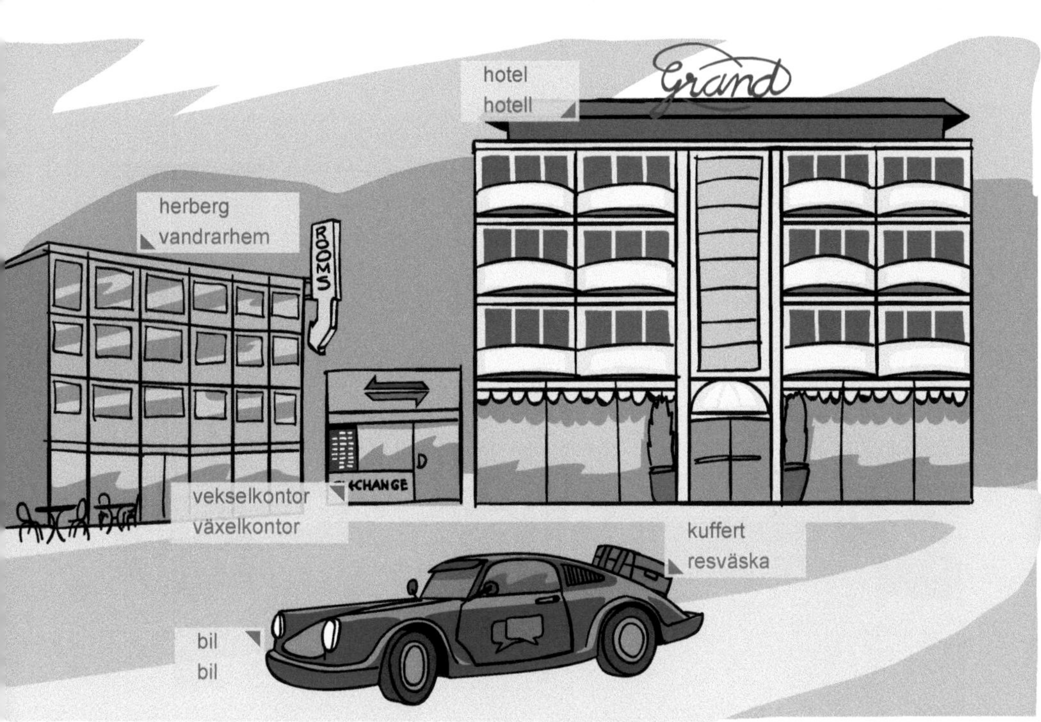

sprog
..................
språk

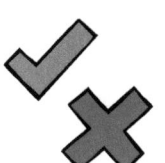

ja / nej
..................
ja / nej

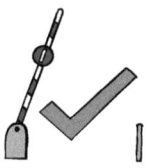

okay
..................
Okay

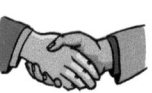

hej
..................
hej

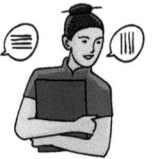

oversætter
..................
översättare

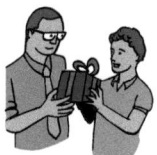

tak
..................
Tack

hvad koster...?

hur mycket kostar...?

Jeg forstår ikke

jag förstår inte

problem

problem

God aften!

God kväll!

God morgen!

God morgon!

God nat!

God natt!

farvel

hejdå

retning

riktning

bagage

bagage

taske

väska

rygsæk

ryggsäck

gæst

gäst

værelse

rum

sovepose

sovsäck

telt

tält

|  |  |  |
|:---:|:---:|:---:|
| turistinformation | strand | kreditkort |
| turistinformation | strand | kreditkort |

|  |  |  |
|:---:|:---:|:---:|
| morgenmad | middagsmad | aftensmad |
| frukost | lunch | middag |

|  |  |  |
|:---:|:---:|:---:|
| billet | elevator | frimærke |
| biljett | hiss | frimärke |

|  |  |  |
|:---:|:---:|:---:|
| grænse | told | ambassade |
| gräns | tull | ambassad |

|  |  |
|:---:|:---:|
| visum | pas |
| visum | pass |

# transport
# transport

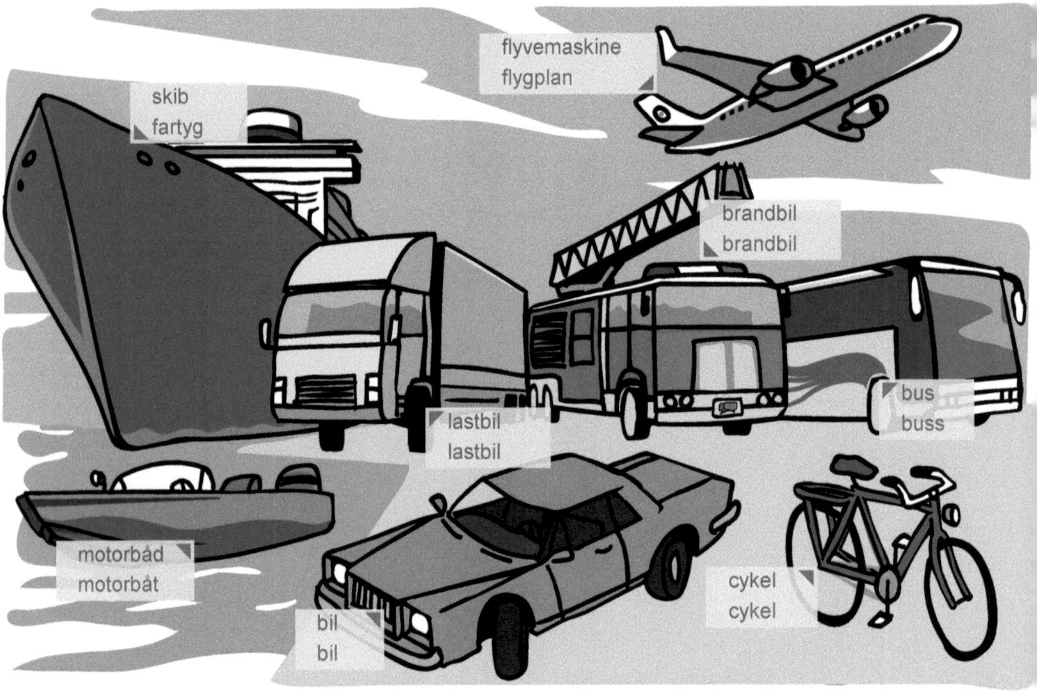

flyvemaskine
flygplan
skib
fartyg
brandbil
brandbil
lastbil
lastbil
bus
buss
motorbåd
motorbåt
cykel
cykel
bil
bil


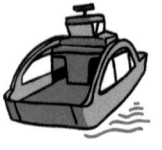

færge

färja

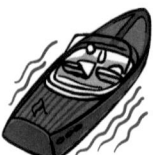

båd

båt

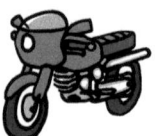

motorcykel

motorcykel

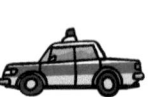

politibil

polisbil

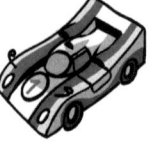

racerbil

racerbil

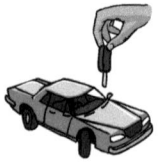

lejebil

hyrbil

samkørsel

bilpool

kranbil

bärgningsbil

skraldebil

sopbil

motor

motor

benzin

bränsle

tankstation

bensinstation

trafikskilt

vägmärke

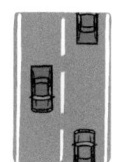

trafik

trafik

trafikprop

bilkö

parkeringsplads

parkeringsplats

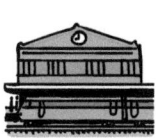

banegård

tågstation

skinner

räls

tog

tåg

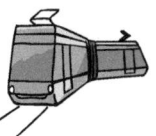

sporvogn

spårvagn

wagon

vagn

helikopter

helikopter

lufthavn

flygplats

tårn

torn

passager

passagerare

container

container

karton

kartong

kærre

vagn

kurv

korg

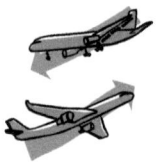

starte / lande

starta / landa

## by

## stad

landsby

by

bymidte

centrum

hus

hus

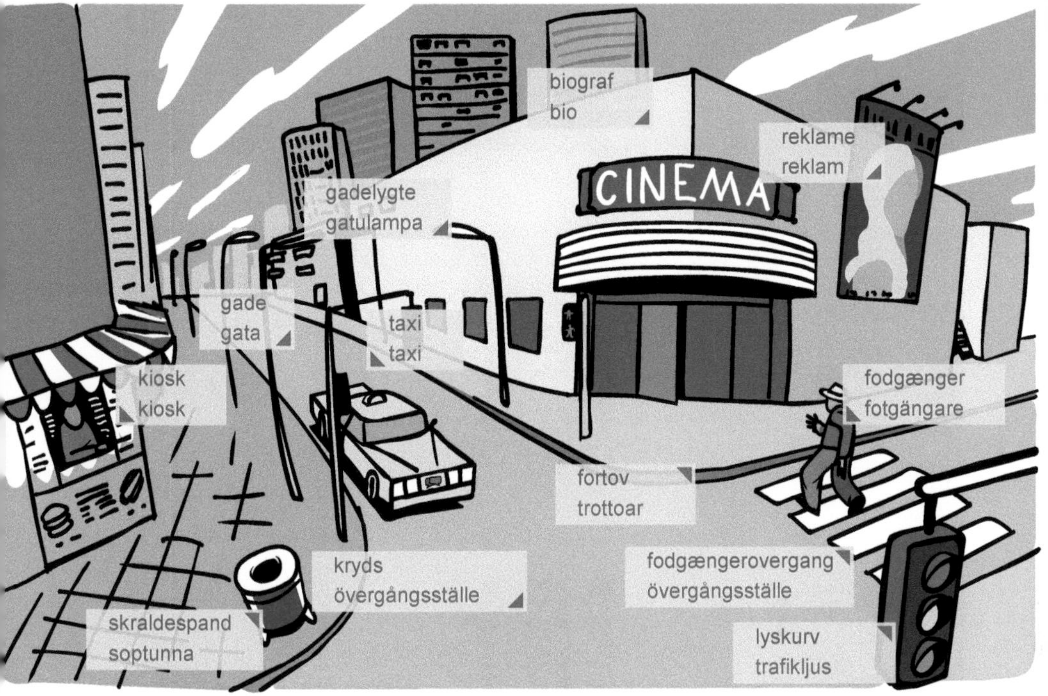

hytte
stuga

lejlighed
lägenhet

banegård
tågstation

rådhus
stadshus

museum
museum

skole
skola

universitet

universitet

bank

bank

sygehus

sjukhus

hotel

hotell

apotek

apotek

kontor

kontor

boghandel

bokhandel

butik

affär

blomsterbutik

blomsterbutik

supermarked

stormarknad

marked

marknad

stormagasin

varuhus

fiskehandler

fiskhandlare

butikscenter

köpcentrum

havn

hamn

park
park

bænk
bänk

bro
brygga

trappe
trappa

undergrundsbane
tunnelbana

tunnel
tunnel

busstoppested
busshållplats

barnevogn
bar

restaurant
restaurang

postkasse
brevlåda

vejskilt
gatuskylt

parkometer
parkeringsautomat

zoo
zoo

badeanstalt
simbassäng

moske
moské

bondegård
bondgård

miljøforurening
förorening

kirkegård
kyrkogård

kirke
kyrka

legeplads
lekplats

tempel
tempel

## landskab
## landskap

blad
löv

vejviser
vägskylt

vej
väg

eng
äng

sten
sten

træ
träd

vandrer
liftare

flod
flod

græs
gräs

blomst
blomma

| | | |
|---|---|---|
|  |  |  |
| dal | bjerg | sø |
| dal | kulle | sjö |
|  | 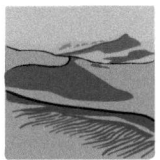 |  |
| skov | ørken | vulkan |
| skog | öken | vulkan |
|  |  |  |
| slot | regnbue | svamp |
| slott | regnbåge | svamp |
|  |  |  |
| palme | moskito | flue |
| palm | mygga | fluga |
|  |  |  |
| myre | bi | edderkop |
| myra | bi | spindel |

bille

skalbagge

frø

groda

egern

ekorre

pindsvin

igelkott

hare

hare

ugle

uggla

fugl

fågel

svane

svan

vildsvin

vildsvin

hjort

rådjur

elg

älg

dæmning

damm

vindmølle

vindkraftverk

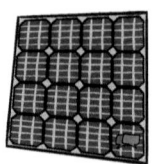

solcellemodul

solcellspanel

klima

klimat

# restaurant
# restaurang

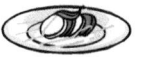

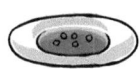

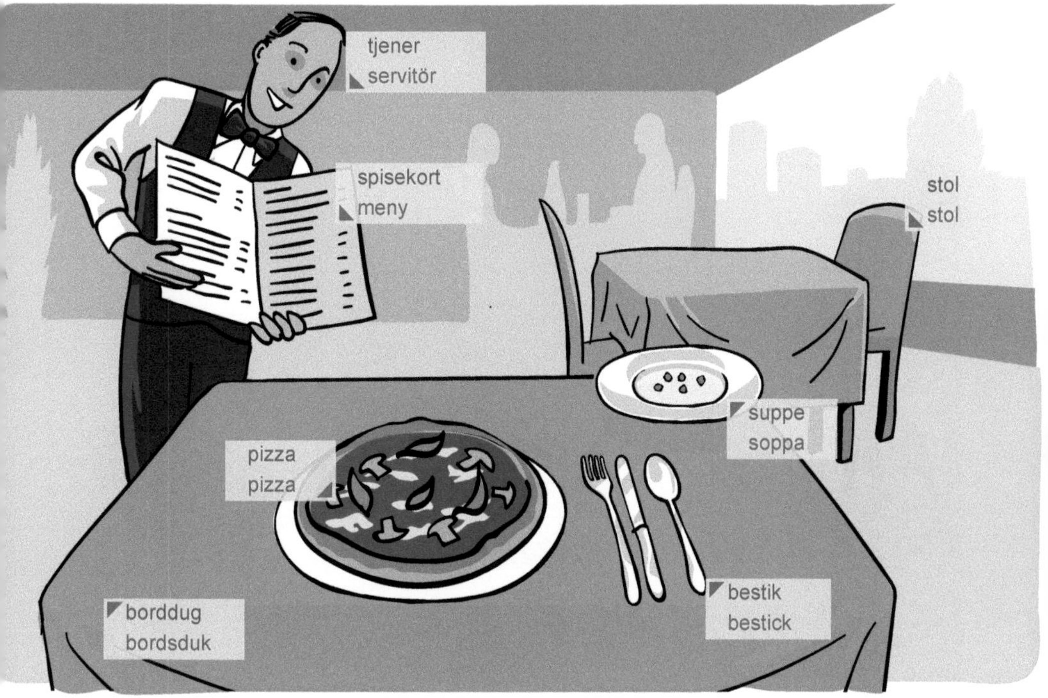
tjener
servitör
spisekort
meny
stol
stol
suppe
soppa
pizza
pizza
bestik
bestick
borddug
bordsduk

forret

förrätt

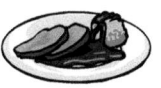

hovedret

huvudrätt

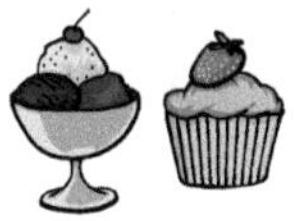

dessert

dessert

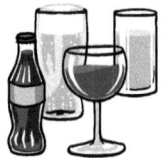

drikkevarer

drycker

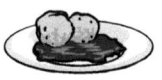

mad

mat

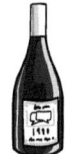

flaske

flaska

fastfood

snabbmat

streetfood

street food

tekande

tekanna

sukkerdåse

sockerskål

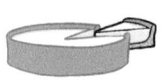

portion

portion

espressomaskine

espressomaskin

barnestol

barnstol

faktura

räkning

tablet

bricka

kniv

kniv

gaffel

gaffel

ske

sked

teske

tesked

serviet

servett

glas

glas

tallerken
tallrik

dyb tallerken
sopptallrik

underkop
tefat

sovs
sås

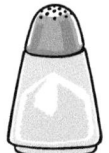

saltbøsse
saltkar

peberkværn
pepparkvarn

eddike
vinäger

olie
olja

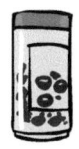

krydderier
kryddor

ketchup
ketchup

sennep
senap

mayonnaise
majonnäs

# supermarked
# stormarknad

tilbud
specialerbjudande
FOR
kunde
kund
mælkeprodukter
mejeriprodukter
frugt
frukt
indkøbsvogn
varukorg

BUTCHERS

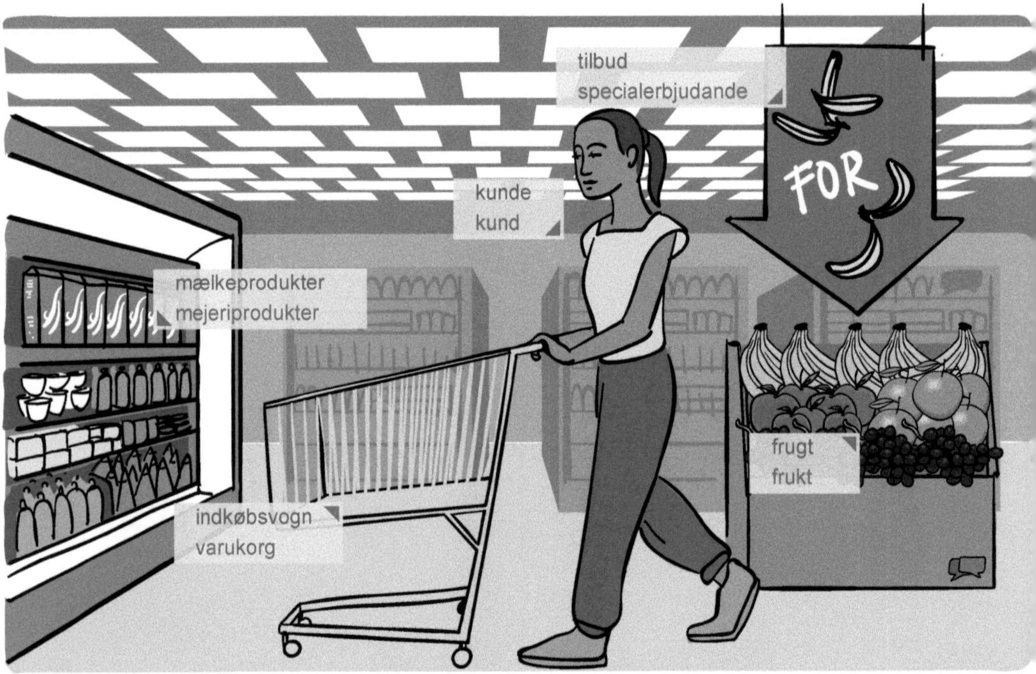

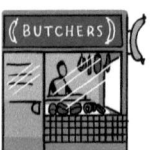

slagter

charkuteri

BAKERY

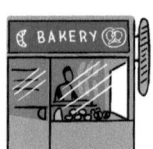

bageri

bageri

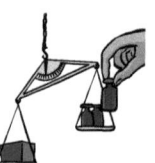

veje

väga

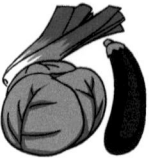

grøntsager

grönsaker

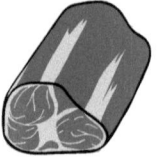

kød

kött

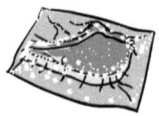

frostvarer

frysta livsmedel

pålæg
pålägg

konserves
konserver

vaskemiddel
tvättmedel

slik
godis

husholdningsvarer
hushållsprodukter

rengøringsmidler
rengöringsmedel

ekspedient
försäljare

kasse
kassa

kasserer
kassör

indkøbsliste
inköpslista

åbningstider
öppettider

tegnebog
plånbok

kreditkort
kreditkort

taske
väska

plasticpose
plastpåse

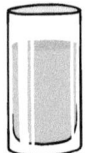

vand

vatten

saft

juice

mælk

mjölk

cola

cola

vin

vin

øl

öl

alkohol

alkohol

kakao

kakao

te

te

kaffe

kaffe

espresso

espresso

cappuccino

cappuccino

banan

banan

æble

äpple

appelsin

apelsin

melon

melon

citron

citron

gulerod

morot

hvidløg

vitlök

bambus

bambu

løg

lök

svamp

svamp

nødder

nötter

nudler

nudlar

spaghetti

spaghetti

ris

ris

salat

sallad

pomfritter

pommes frites

stegte kartofler

stekt potatis

pizza

pizza

hamburger

hamburgare

sandwich

smörgås

schnitzel

schnitzel

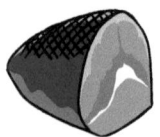

skinke

skinka

salami

salami

pølse

korv

kylling

kyckling

steg

stek

fisk

fisk

havregryn

havregryn

mysli

müsli

cornflakes

cornflakes

mel

mjöl

croissant

croissant

rundstykke

fralla

brød

bröd

toast

rostat bröd

kiks

kex

smør

smör

kvark

kvarg

kage

kaka

æg

ägg

spejlæg

stekt ägg

ost

ost

is
................
glass

sukker
................
socker

honning
................
honung

marmelade
................
sylt

nougat-creme
................
nougatkräm

karry
................
curry

# bondegård
# bondgård

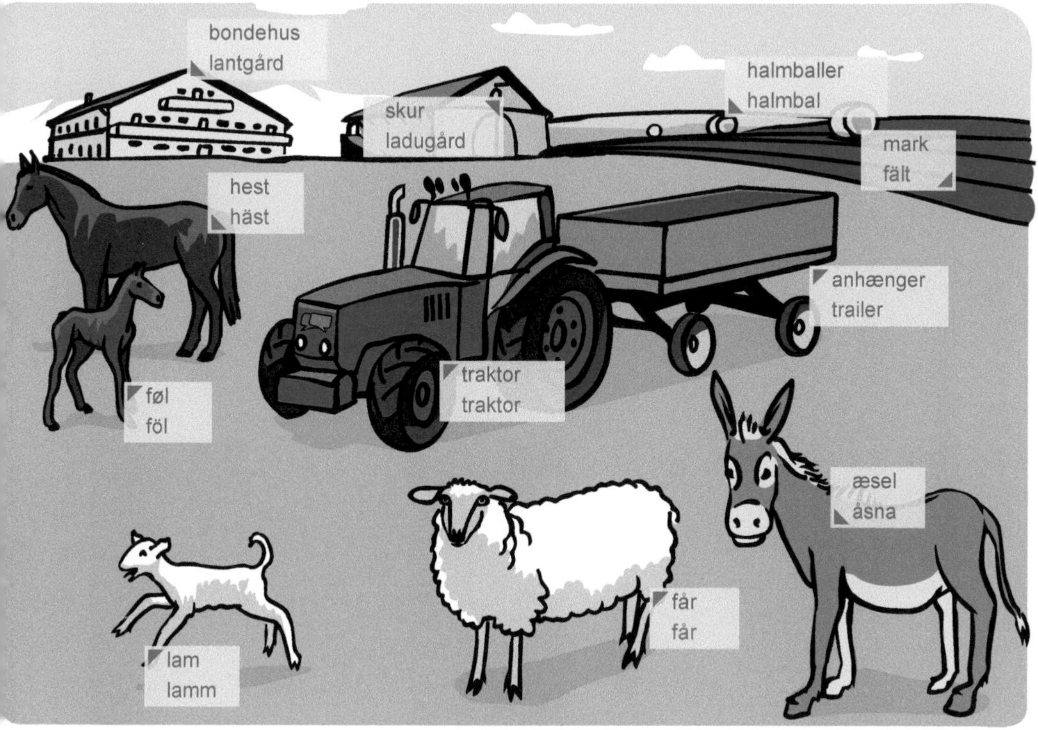
bondehus
lantgård
skur
ladugård
halmballer
halmbal
mark
fält
hest
häst
anhænger
trailer
traktor
traktor
føl
föl
æsel
åsna
får
får
lam
lamm

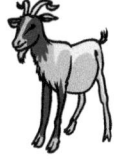

ged
get

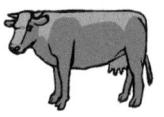

ko
ko

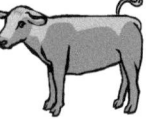

kalv
kalv

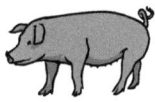

svin
gris

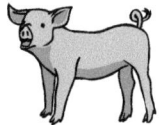

gris
griskulting

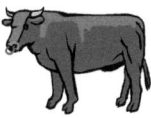

tyr
tjur

gås
gås

and
anka

kylling
kyckling

høne
höna

hane
tupp

rotte
råtta

kat
katt

mus
mus

okse
oxe

hund
hund

hundehus
hundkoja

haveslange
trädgårdsslang

vandkande
vattenkanna

le
lie

plov
plog

segl

skära

hakkejern

hacka

møggreb

högaffel

økse

yxa

trillebør

skottkärra

trug

tråg

mælkekande

mjölkflaska

sæk

säck

hæk

staket

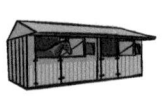

stald

stall

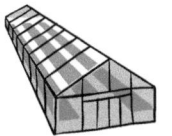

drivhus

växthus

jord

jord

frø

säd

gødning

gödsel

mejetærsker

skördetröska

høste

skörda

høst

skörd

yams

jams

hvede

vete

soja

soja

kartoffel

potatis

majs

majs

raps

raps

frugttræ

fruktträd

maniok

maniok

korn

spannmål

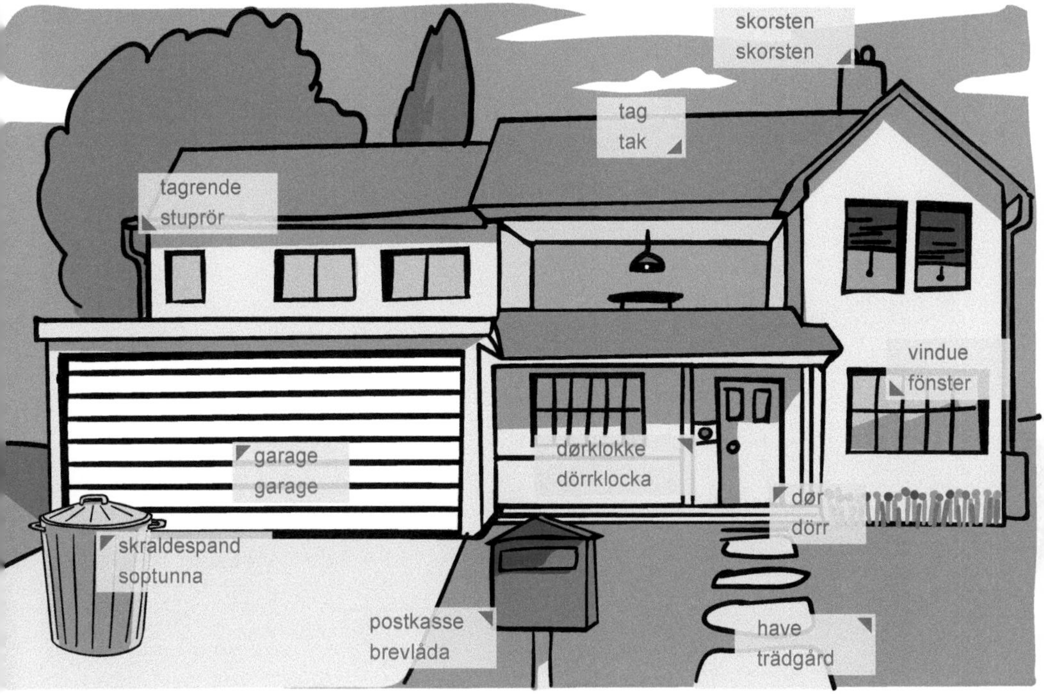

skorsten
skorsten

tag
tak

tagrende
stuprör

vindue
fönster

garage
garage

dørklokke
dörrklocka

dør
dörr

skraldespand
soptunna

postkasse
brevlåda

have
trädgård

stue

vardagsrum

badeværelse

badrum

køkken

kök

soveværelse

sovrum

børneværelse

barnrum

spisestue

matsal

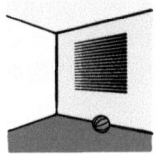

gulv
golv

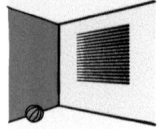

væg
vägg

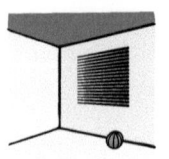

loft
tak

kælder
källare

sauna
bastu

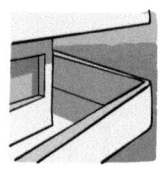

altan
balkong

terrasse
terrass

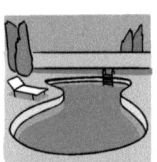

svømmehal
bassäng

plæneklipper
gräsklippare

dynebetræk
lakan

dyne
överkast

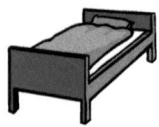

seng
säng

kost
kvast

spand
hink

kontakt
strömbrytare

# stue
# vardagsrum

tapet
tapet
billede
bild
lampe
lampa
reol
hylla
skab
skåp
fjernsyn
TV
pejs
eldstad
blomst
blomma
pude
kudde
sofa
soffa
vase
vas
fjernbetjening
fjärrkontroll

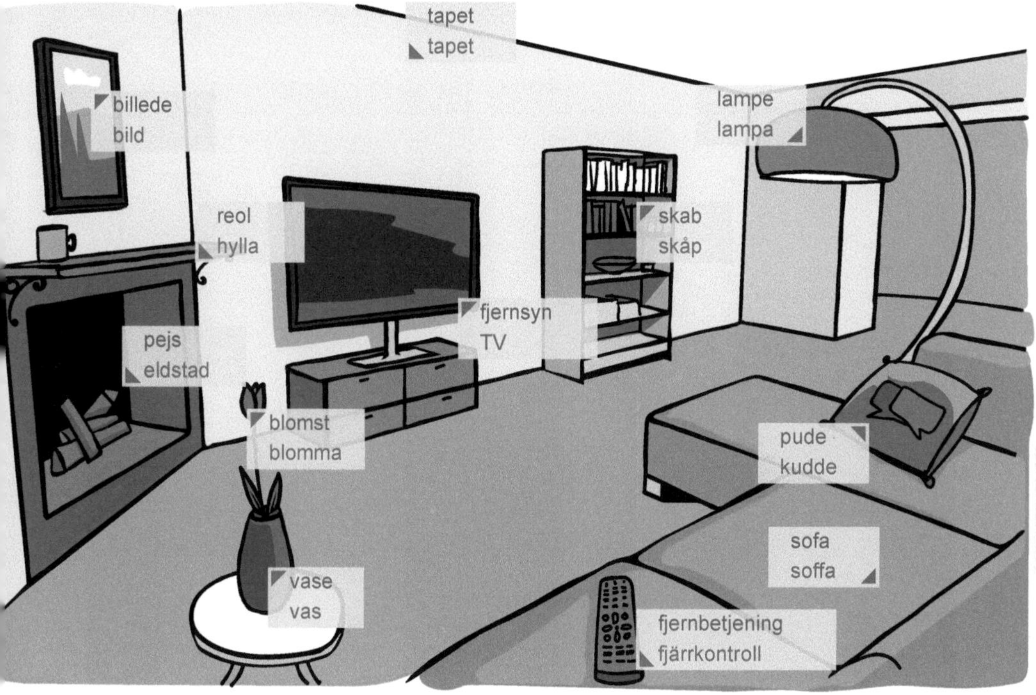

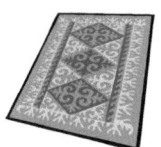

gulvtæppe

matta

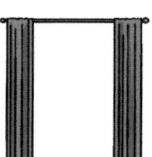

gardin

gardin

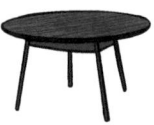

bord

bord

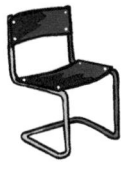

stol

stol

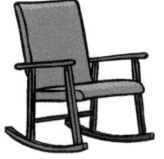

gyngestol

gungstol

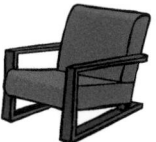

lænestol

fåtölj

bog

bok

tæppe

filt

dekoration

dekoration

brænde

vedträ

film

film

stereoanlæg

stereoanläggning

nøgle

nyckel

avis

dagstidning

maleri

målning

plakat

poster

radio

radio

notesblok

anteckningsbok

støvsuger

dammsugare

kaktus

kaktus

lys

stearinljus

# køkken
# kök

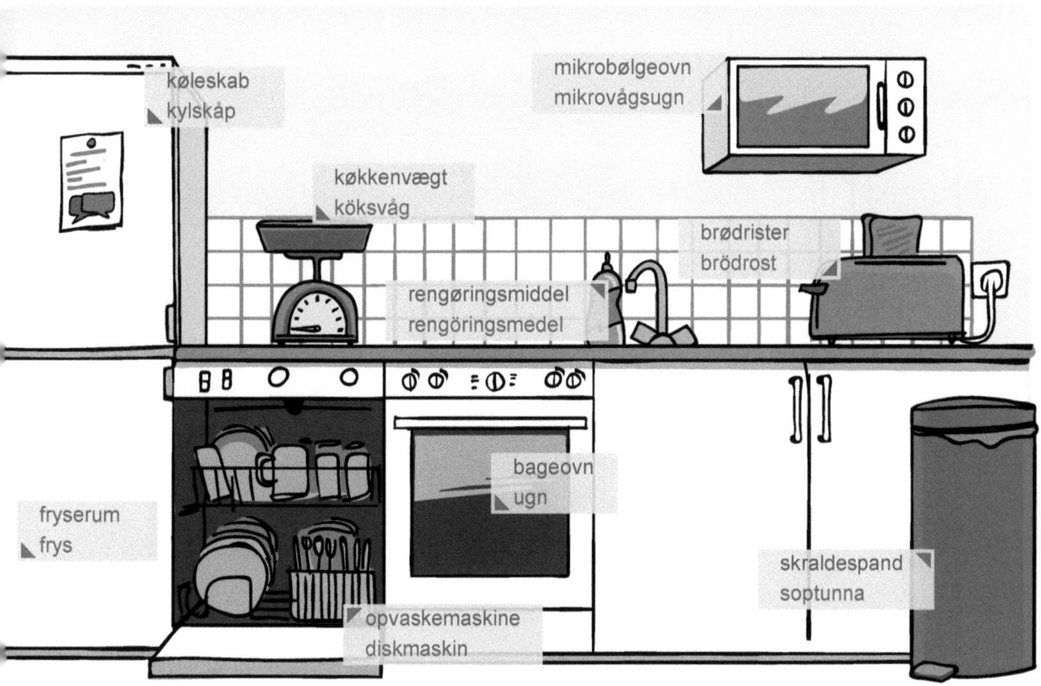
køleskab
kylskåp
mikrobølgeovn
mikrovågsugn
køkkenvægt
köksvåg
brødrister
brödrost
rengøringsmiddel
rengöringsmedel
bageovn
ugn
fryserum
frys
skraldespand
soptunna
opvaskemaskine
diskmaskin

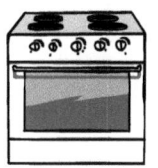

komfur

spis

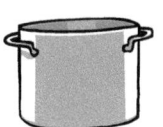

gryde

kastrull

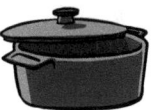

jerngryde

järngryta

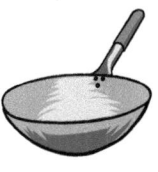

wok / kadai

wok / kadai

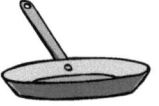

pande

stekpanna

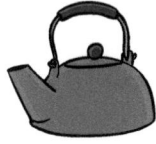

elkedel

vattenkokare

dampkoger

ångkokare

bageplade

bakplåt

service

porslin

bæger

mugg

skål

skål

spisepinde

ätpinnar

øseske

soppslev

paletkniv

stekspade

piskeris

visp

dørslag

durkslag

si

sil

rive

rivjärn

morter

mortel

grille

grill

ildsted

brasa

skærebræt
skärbräda

kagerulle
kavel

proptrækker
korkskruv

dåse
burk

dåseåbner
burköppnare

grydelap
grytlapp

køkkenvask
vask

børste
borste

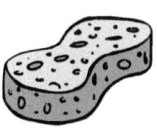

svamp
svamp

blender
mixer

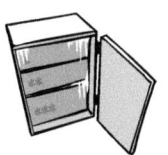

dybfryser
frys

sutteflaske
nappflaska

vandhane
kran

# badeværelse
# badrum

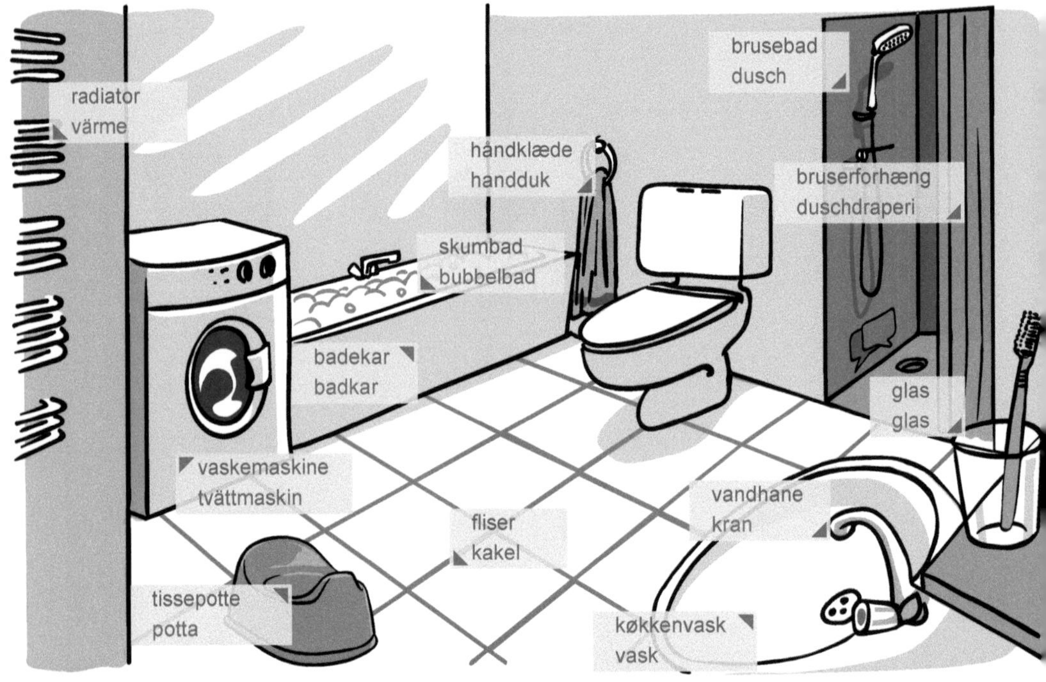

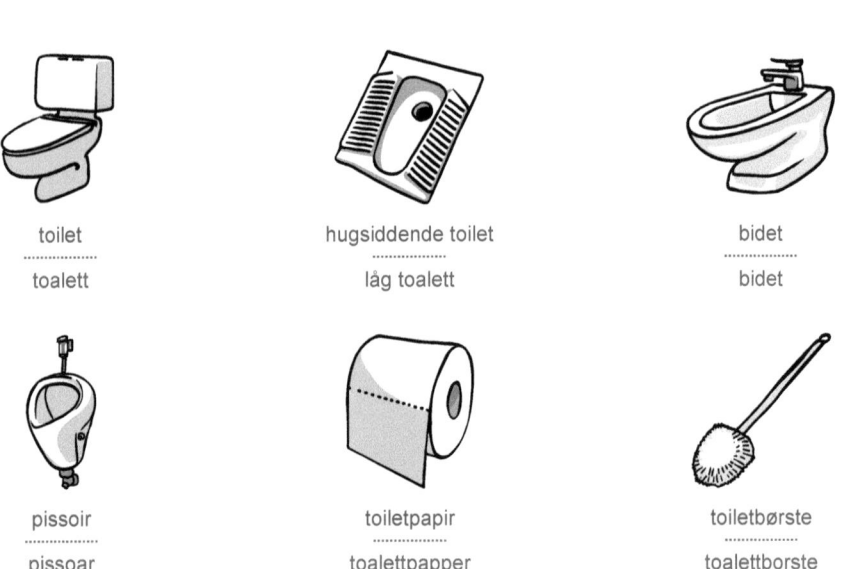

brusebad
dusch
radiator
värme
håndklæde
handduk
bruserforhæng
duschdraperi
skumbad
bubbelbad
badekar
badkar
glas
glas
vaskemaskine
tvättmaskin
vandhane
kran
fliser
kakel
tissepotte
potta
køkkenvask
vask


toilet

toalett

hugsiddende toilet

låg toalett

bidet

bidet

pissoir

pissoar

toiletpapir

toalettpapper

toiletbørste

toalettborste

tandbørste

tandborste

tandpasta

tandkräm

tandtråd

tandtråd

vaske

tvätta

håndbruser

handdusch

intimbruser

intimdusch

vaskefad

handfat

badebørste

ryggborste

sæbe

tvål

brusegele

duschgel

shampoo

schampo

vaskeklud

trasa

afløb

avlopp

creme

crème

deodorant

deodorant

spejl
spegel

kosmetikspejl
handspegel

barberhøvl
rakhyvel

barberskum
raklödder

barbervand
rakvatten

kam
kam

børste
borste

hårtørrer
hårtork

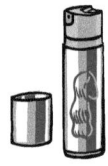

hårspray
hårspray

makeup
smink

læbestift
läppstift

neglelak
nagellack

vat
bomullsvadd

neglesaks
nagelsax

parfume
parfym

toilettaske
necessär

skammel
pall

vægt
våg

badekåbe
badrock

gummihandsker
gummihandskar

tampon
tampong

damebind
binda

kemisk toilet
kemisk toalett

# børneværelse
# barnrum

vækkeur
väckarklocka
bamse
gosedjur
legetøjsbil
leksaksbil
skralde
skallra
dukkehus
dockhus
gave
present

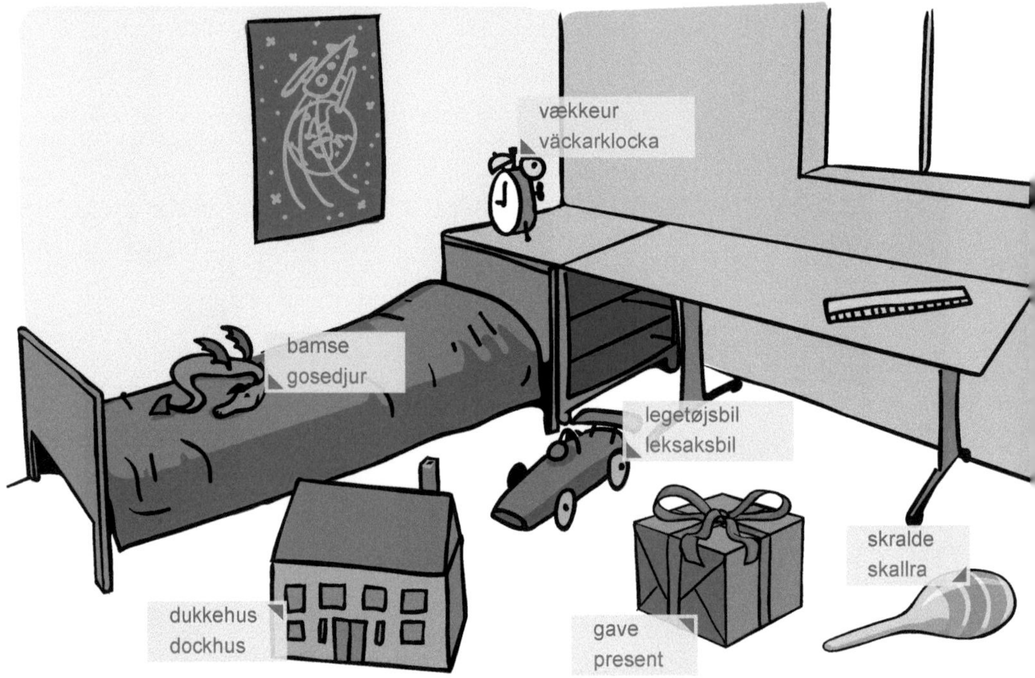

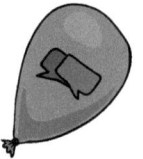

ballon

ballong

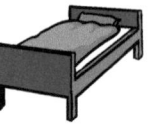

seng

säng

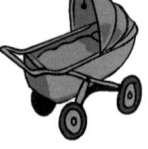

barnevogn

barnvagn

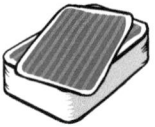

kortspil

kortlek

puslespil

pussel

SUPER
MEGA

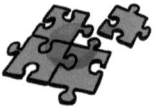

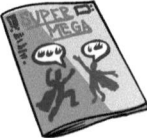

tegneserie

serietidning

legoklodser

legobitar

byggeklodser

klossar

action figur

actionfigur

sparkedragt

sparkdräkt

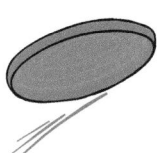

frisbee

frisbee

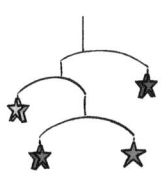

uro

mobil

brætspil

brädspel

terning

tärning

modeljernbane

modelljärnväg

sut

napp

fest

party

billedbog

bilderbok

bold

boll

dukke

docka

lege

spela

sandkasse

sandlåda

gynge

gunga

legetøj

leksaker

spillekonsol

spelkonsol

trehjulet cykel

trehjuling

bamse

nalle

klædeskab

garderob

# tøj
## kläder

sokker

sockar

strømper

strumpor

strømpebukser

tights

sjal
halsduk

bælte
bälte

paraply
paraply

T-shirt
t-shirt

sneakers
sneakers

støvler
stövlar

hjemmesko
tofflor

| sandaler | sko | gummistøvler |
|----------|-----|--------------|
| sandaler | skor | gummistövlar |

| underbukser | BH | undertrøje |
|-------------|-----|-----------|
| underbyxor | BH | linne |

body
body

bukser
byxor

jeans
jeans

nederdel
kjol

bluse
blus

skjorte
skjorta

pullover
pullover

sweatshirt
sweater

blazer
blazer

jakke
jacka

frakke
kappa

regnfrakke
regnjacka

kostume
dräkt

kjole
klänning

brudekjole
bröllopsklänning

jakkesæt

kostym

nattrøje

nattlinne

pyjamas

pyjamas

sari

sari

hovedtørklæde

slöja

turban

turban

burka

burka

kaftan

kaftan

abaya

abaya

badedragt

baddräkt

badebukser

badbyxor

korte bukser

shorts

træningsdragt

träningsoverall

forklæde

förkläde

handsker

handskar

knap
knapp

briller
glasögon

armbånd
armband

kæde
halsband

ring
ring

ørering
örhänge

hue
mössa

bøjle
galge

hat
hatt

slips
slips

lynlås
dragkedja

hjelm
hjälm

seler
hängslen

skoleuniform
skoluniform

uniform
uniform

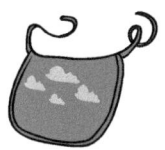

hagesmæk

haklapp

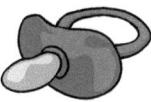

sut

napp

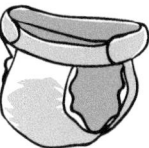

ble

blöja

# kontor
# kontor

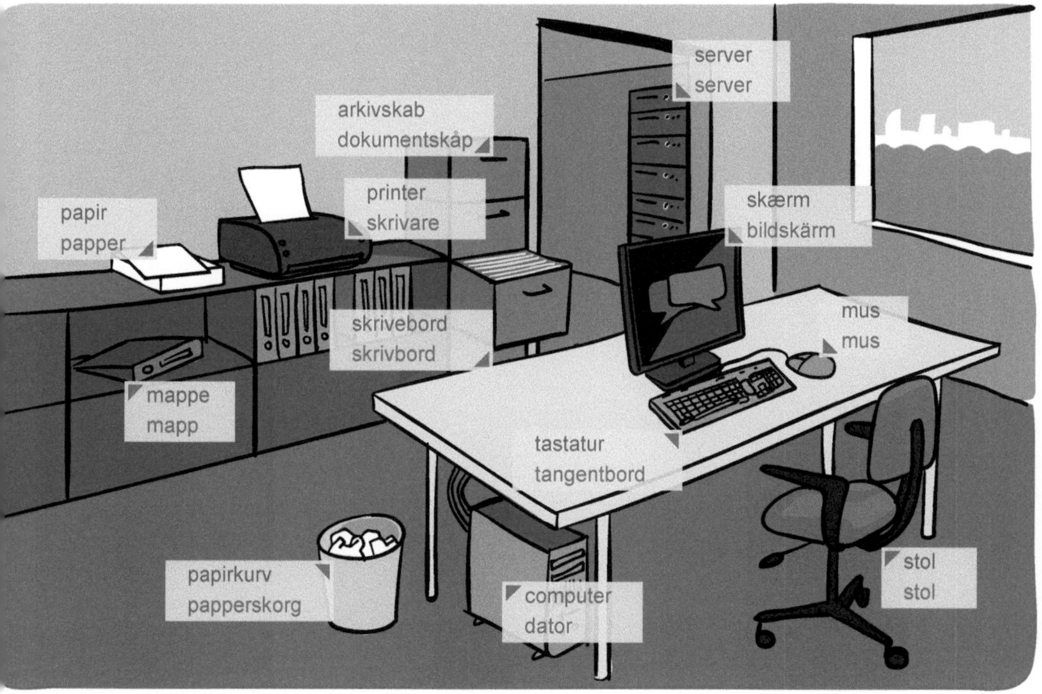
server
server
arkivskab
dokumentskåp
papir
papper
printer
skrivare
skærm
bildskärm
skrivebord
skrivbord
mus
mus
mappe
mapp
tastatur
tangentbord
papirkurv
papperskorg
computer
dator
stol
stol

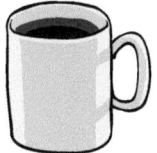

kaffekrus

kaffemugg

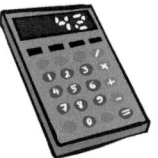

lommeregner

miniräknare

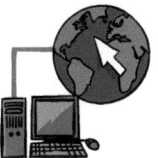

internet

internet

bærbar

bärbar dator

brev

brev

besked

meddelande

mobil

mobiltelefon

netværk

nätverk

kopimaskine

kopieringsapparat

software

programvara

telefon

telefon

stikdåse

vägguttag

fax

fax

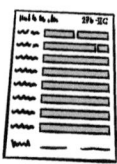

formular

blankett

dokument

dokument

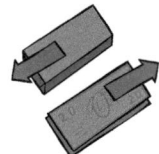

købe
köpa

betale
betala

handle
handla

penge
pengar

 **USD**

dollar
dollar

 **EUR**

euro
euro

 **JPY**

yen
yen

 **RUB**

rubel
rubel

 **CHF**

schweizerfranc
schweizisk franc

 **CNY**

renminbi yuan
renminbi yan

 **INR**

rupee
rupie

hæveautomat
bankomat

vekselkontor

växelkontor

guld

guld

sølv

silver

olie

olja

energi

energi

pris

pris

kontrakt

kontrakt

skat

skatt

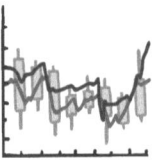

aktie

aktie

arbejde

arbeta

ansat

anställd

arbejdsgiver

arbetsgivare

fabrik

fabrik

butik

affär

# erhverv
# yrken

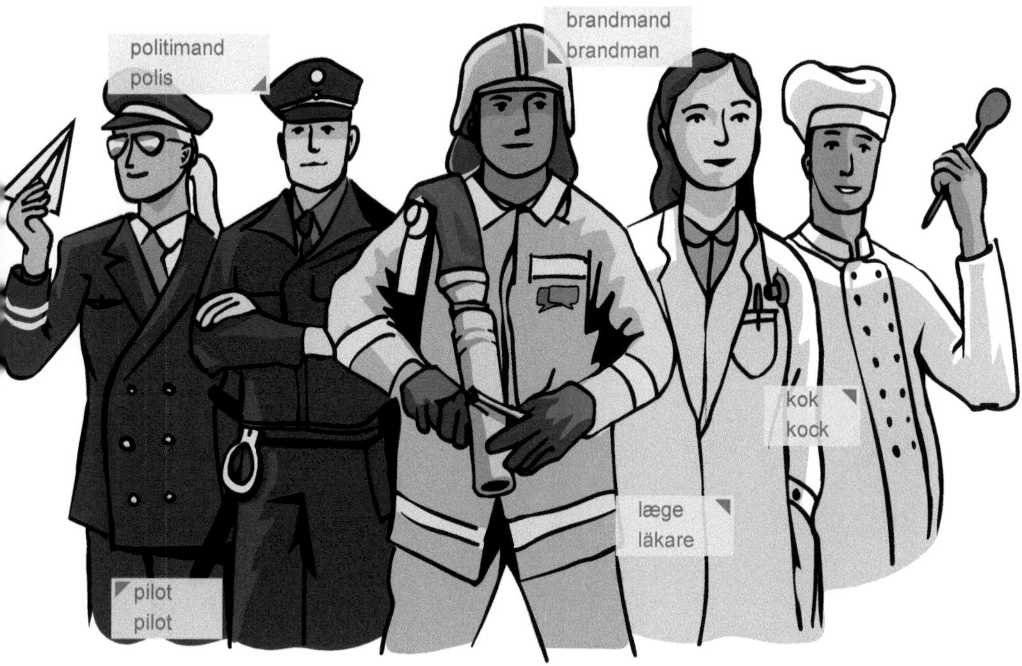
politimand
polis
brandmand
brandman
kok
kock
læge
läkare
pilot
pilot

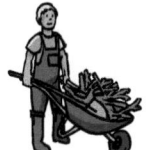

gartner

trädgårdsmästare

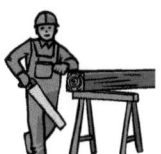

tømrer

snickare

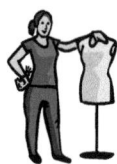

syerske

sömmerska

dommer

domare

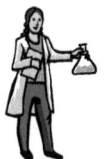

kemiker

kemist

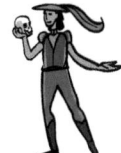

skuespiller

skådespelare

buschauffør

busschaufför

taxachauffør

taxichaufför

fisker

fiskare

rengøringskone

städerska

tagdækker

takläggare

tjener

servitör

jæger

jägare

maler

målare

bager

bagare

elektriker

elektriker

bygningsarbejder

byggarbetare

ingeniør

ingenjör

slagter

slaktare

vvs-mand

rörmokare

postbud

brevbärare

soldat
soldat

arkitekt
arkitekt

kasserer
kassör

blomsterhandler
florist

frisør
frisör

togfører
konduktör

mekaniker
mekaniker

kaptajn
kapten

tandlæge
tandläkare

videnskabsmand
vetenskapsman

rabbiner
rabbin

imam
imam

munk
munk

præst
präst

# værktøj
# verktyg

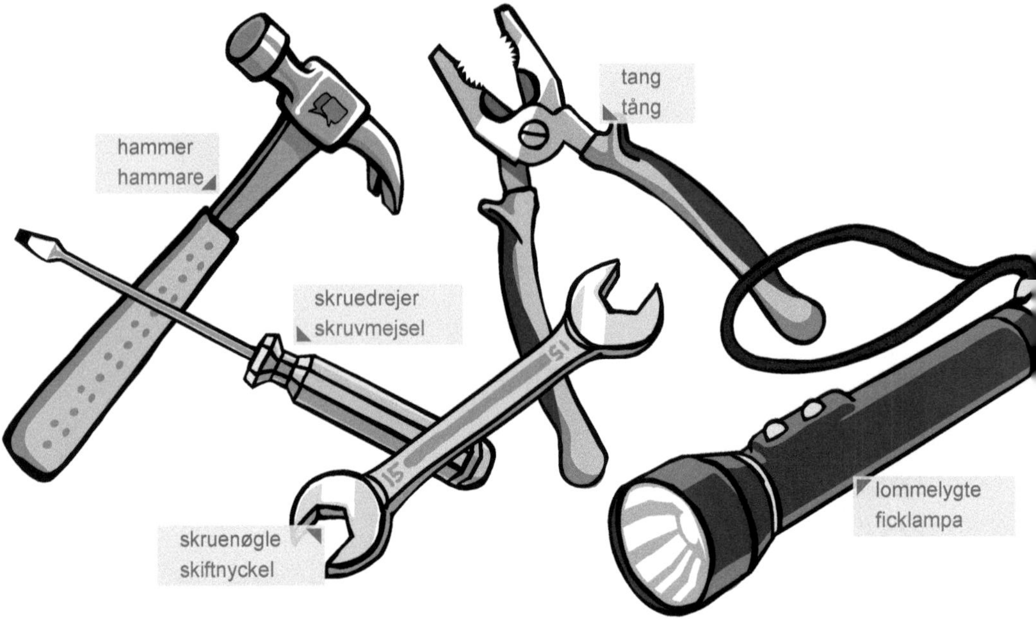
hammer
hammare
tang
tång
skruedrejer
skruvmejsel
skruenøgle
skiftnyckel
lommelygte
ficklampa

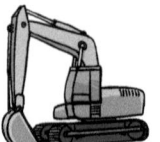

gravemaskine
grävmaskin

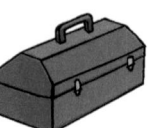

værktøjskasse
verktygslåda

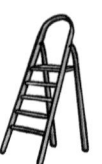

stige
stege

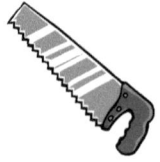

sav
såg

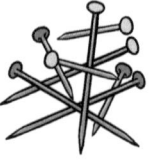

søm
spik

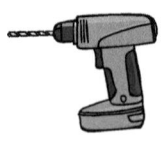

bor
borr

reparere

reparera

skovl

spade

Lort!

Helvete!

fejebakke

sopskyffel

malerspand

färgburk

skruer

skruvar

## musikinstrumenter
## musikinstrument

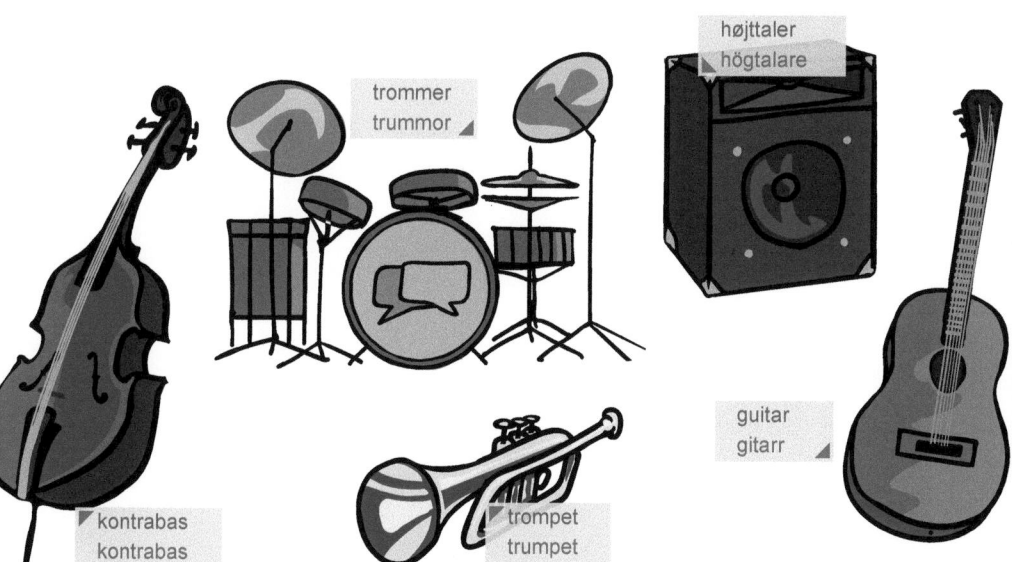

trommer
trummor

højttaler
högtalare

kontrabas
kontrabas

trompet
trumpet

guitar
gitarr

klaver

piano

violin

violin

bas

bas

pauke

timpani

tromme

trumma

keyboard

keyboard

saxofon

saxofon

fløjte

flöjt

mikrofon

mikrofon

# ZOO

ZOO

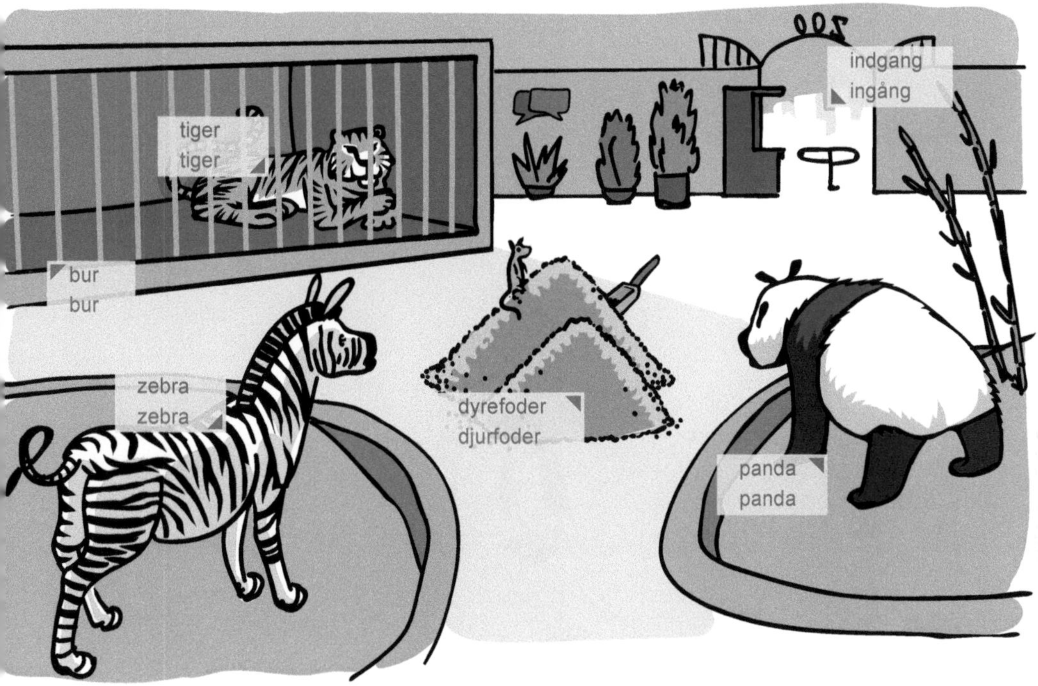
indgang
ingång
tiger
tiger
bur
bur
zebra
zebra
dyrefoder
djurfoder
panda
panda

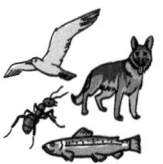

dyr
......................
djur

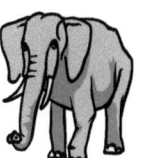

elefant
......................
elefant

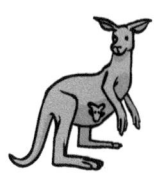

kænguru
......................
känguru

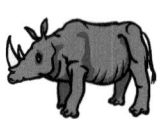

næsehorn
......................
noshörning

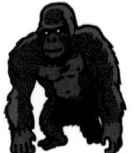

gorilla
......................
gorilla

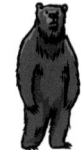

bjørn
......................
björn

kamel

kamel

struds

struts

løve

lejon

abe

apa

flamingo

flamingo

papegøje

papegoja

isbjørn

isbjörn

pingvin

pingvin

haj

haj

påfugl

påfågel

slange

orm

krokodille

krokodil

dyrepasser

djurskötare

sæl

säl

jaguar

jaguar

pony
ponny

leopard
leopard

flodhest
flodhäst

giraf
giraff

ørn
örn

vildsvin
vildsvin

fisk
fisk

skildpadde
sköldpadda

hvalros
valross

ræv
räv

gazelle
gazell

amerikansk football
amerikansk fotboll

cykling
cykling

tennis
tennis

basketball
basket

svømning
simning

boksning
boxning

ishockey
ishockey

fodbold
fotboll

badminton
badminton

atletik
friidrott

håndbold
handboll

skiløb
skidåkning

polo
polo

# aktiviteter

aktiviteter

grine
skratta
springe
hoppa
give et knus
krama
gå
gå
synge
sjunga
drømme
drömma
bede
be
kysse
kyssa

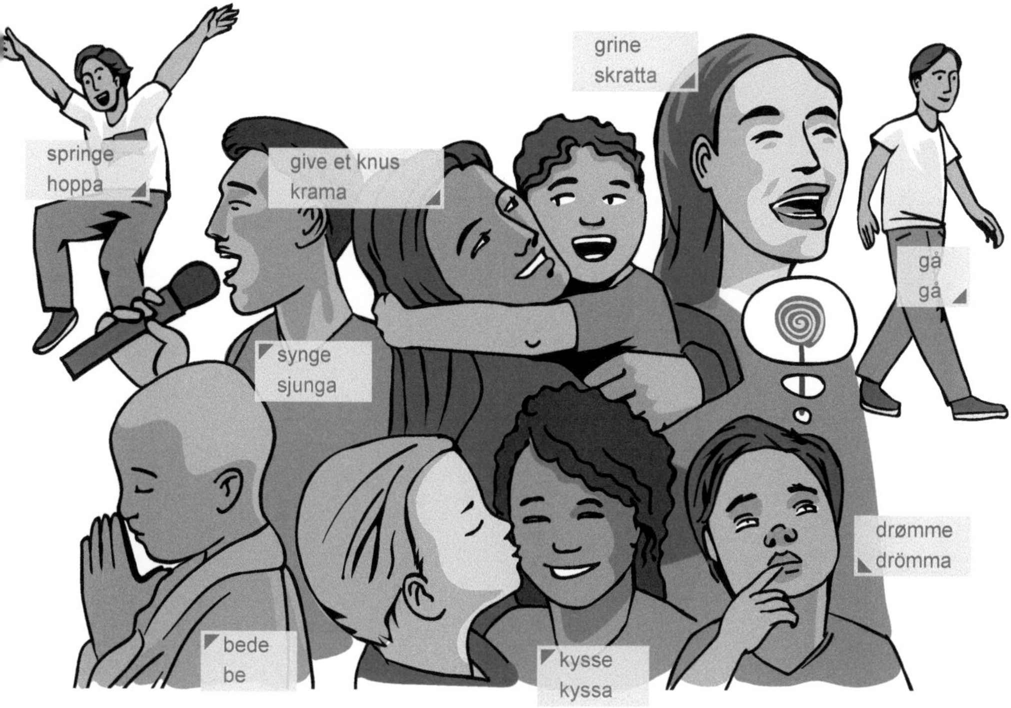

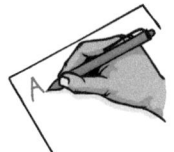

skrive

skriva

tegne

rita

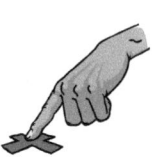

vise

visa

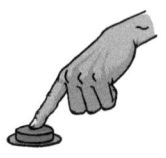

skubbe

skjuta

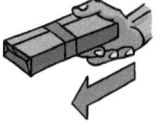

give

ge

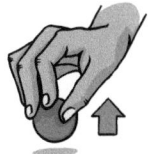

tage

ta

have
hagel

gøre
göra

være
vara

stå
stå

løbe
springa

trække
dra

kaste
kasta

falde
falla

ligge
ligga

vente
vänta

bære
bära

sidde
sitta

tage på
klä på

sove
sova

vågne
vakna

aktiviteter - aktiviteter

se på
se på

græde
gråta

ae
smeka

kæmme
kamma

tale
prata

forstå
förstå

spørge
fråga

høre
höra

drikke
dricka

spise
äta

rydde op
städa

elske
älska

koge
laga mat

køre
köra

flyve
flyga

sejle
segla

regne
räkna

læse
läsa

lære
lära sig

arbejde
arbeta

gifte sig med
gifta sig

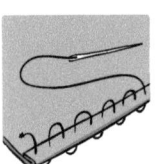

sy
sy

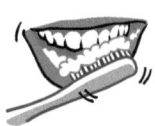

børste tænder
borsta tänderna

dræbe
döda

ryge
röka

sende
skicka

# familie
# familj

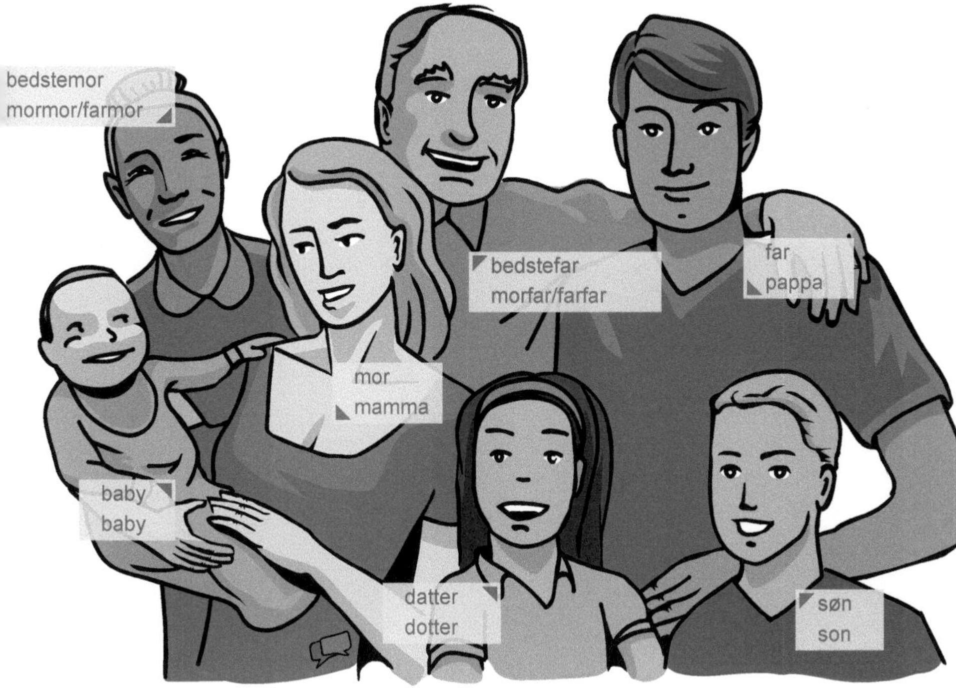
bedstemor
mormor/farmor
bedstefar
morfar/farfar
far
pappa
mor
mamma
baby
baby
datter
dotter
søn
son

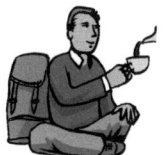

gæst

gäst

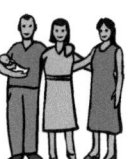

tante

moster/faster

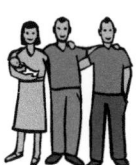

onkel

farbror/morbror

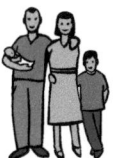

bror

bror

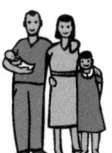

søster

syster

# krop
# kropp

pande
panna
øje
öga
skulder
skuldra
finger
finger
ansigt
ansikte
hage
haka
hånd
hand
ben
ben
bryst
bröst
arm
arm


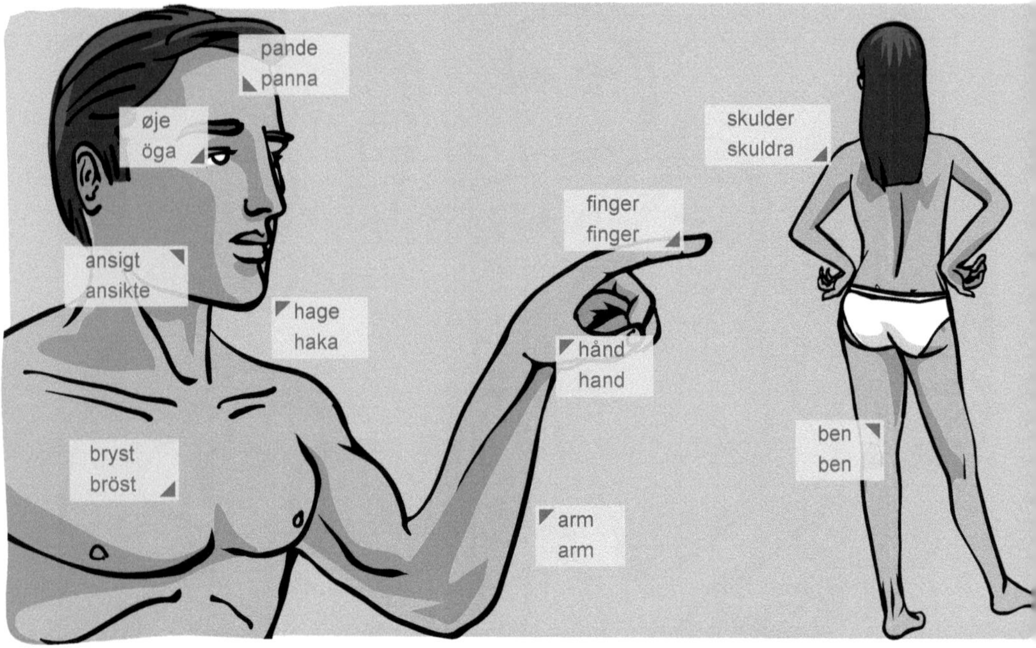

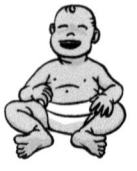

baby
baby

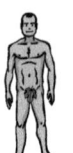

mand
man

kvinde
kvinna

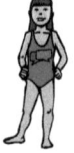

pige
flicka

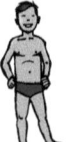

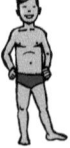

dreng
pojke

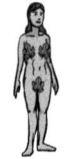

hoved
huvud

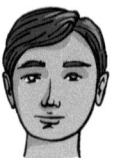

ryg
rygg

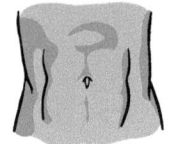

mave
mage

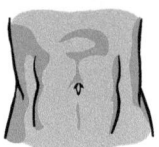

navle
navel

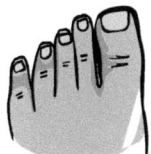

tå
tå

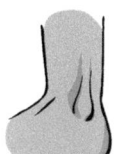

hæl
häl

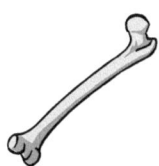

knogle
ben

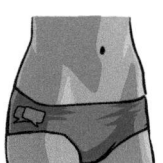

hofte
höft

knæ
knä

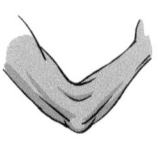

albue
armbåge

næse
näsa

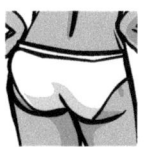

bagdel
stjärt

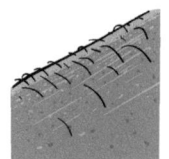

hud
hud

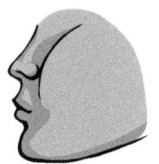

kind
kind

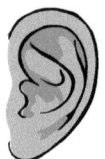

øre
öra

læbe
läpp

krop - kropp

mund

mun

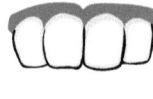

tand

tand

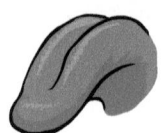

tunge

tunga

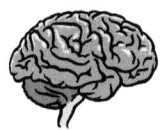

hjerne

hjärna

hjerte

hjärta

muskel

muskel

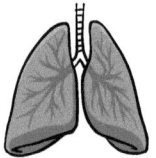

lunge

lunga

lever

lever

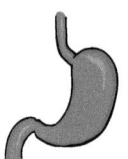

mavesæk

magsäck

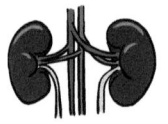

nyrer

njurar

sex

sex

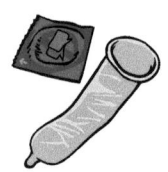

kondom

kondom

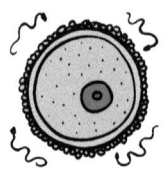

ægcelle

äggcell

sperm

sperma

svangerskab

graviditet

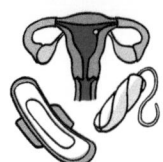

menstruation
menstruation

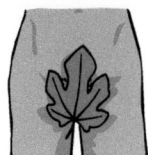

vagina
vagina

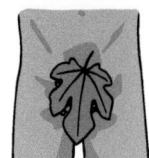

penis
penis

øjenbryn
ögonbryn

hår
hår

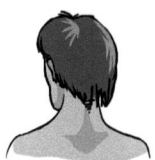

hals
nacke

# sygehus
# sjukhus

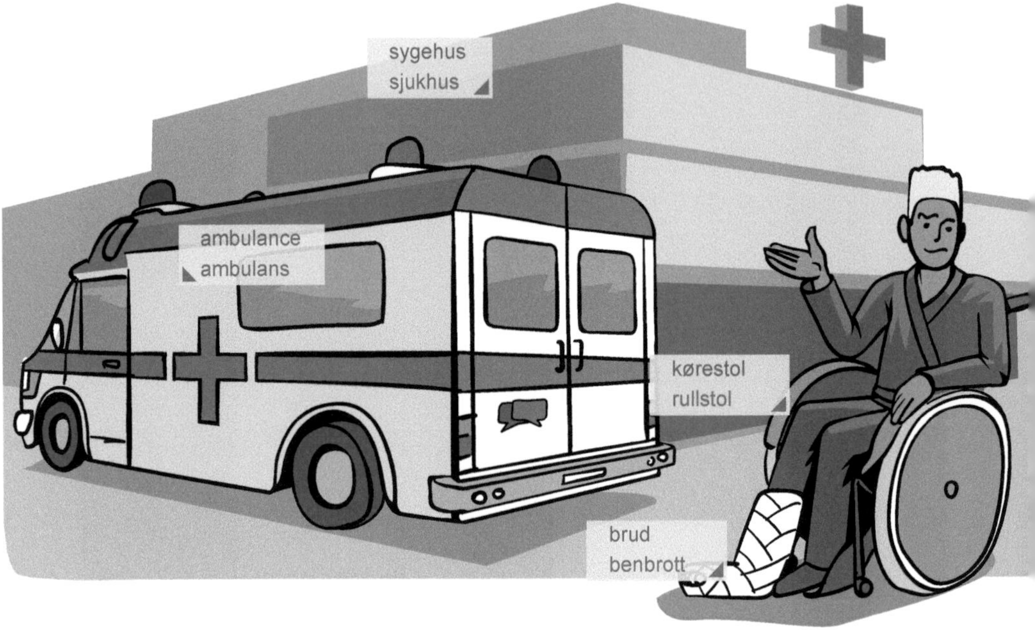

sygehus
sjukhus
ambulance
ambulans
kørestol
rullstol
brud
benbrott


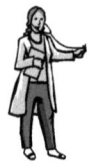

lægge
läkare

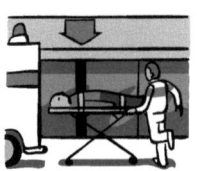

akutmodtagelse
akutmottagning

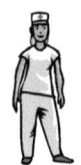

sygeplejerske
sjuksköterska

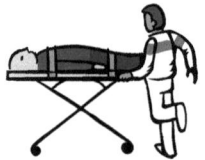

nødstilfælde
nödsituation

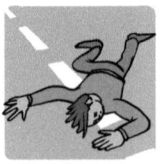

bevidstløs
medvetslös

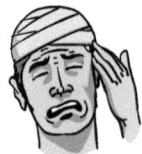

smerte
smärta

skade

skada

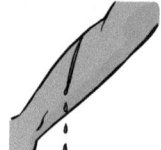

blødning

blödning

hjerteinfarkt

hjärtattack

slagtilfælde

slaganfall

allergi

allergi

hoste

hosta

feber

feber

influenza

influensa

diarré

diarré

hovedpine

huvudvärk

kræft

cancer

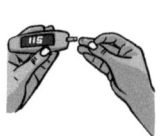

diabetes

diabetes

kirurg

kirurg

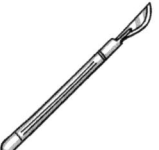

skalpel

skalpell

operation

operation

CT
CT

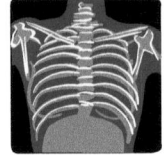

røntgen
röntgen

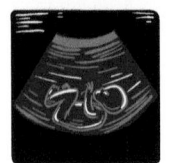

ultralyd
ultraljud

maske
ansiktsmask

sygdom
sjukdom

venteværelse
väntsal

krykke
krycka

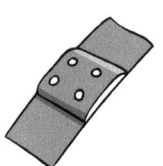

plaster
plåster

forbinding
bandage

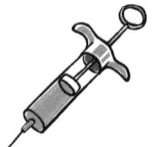

injektion
injektion

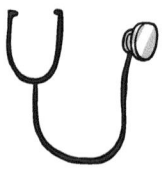

stetoskop
stetoskop

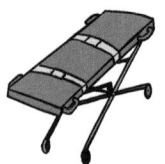

båre
bår

termometer
termometer

fødsel
födsel

overvægt
övervikt

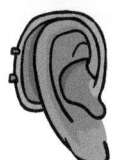
høreapparat
hörapparat

desinficerende middel
desinfektionsmedel

infektion
infektion

virus
virus

HIV / AIDS
HIV / AIDS

medicin
medicin

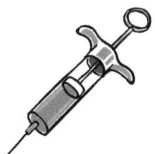
vaccination
vaccination

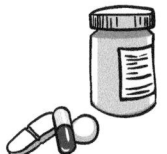
tabletter
tabletter

pille
p-piller

nødopkald
nödsamtal

blodtryksmåler
blodtrycksmätare

syg / rask
sjuk / frisk

Hjælp!

Hjälp!

alarm

alarm

overfald

överfall

angreb

misshandel

fare

fara

nødudgang

nödutgång

Det brænder!

Det brinner!

ildslukker

brandsläckare

uheld

olycka

førstehjælps-kuffert

förbandslåda

SOS

SOS

politi

polis

Europa

Europa

Nordamerika

Nordamerika

Sydamerika

Sydamerika

Afrika

Afrika

Asien

Asien

Australien

Australien

Atlanterhavet

Atlanten

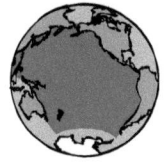

Stillehavet

Stilla Havet

Indiske Ocean

Indiska Oceanen

Sydlige Ishav

Antarktiska Oceanen

Ishav

Arktiska Oceanen

Nordpol

Nordpol

Sydpol

Sydpol

Antarktis

Antarktis

Jorden

Jorden

land

land

hav

hav

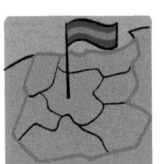

ø

ö

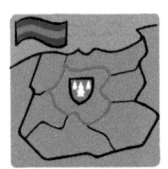

nation

nation

stat

stat

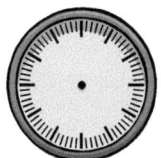

urskive

urtavla

timeviser

timvisare

minutviser

minutvisare

sekundviser

sekundvisare

Hvad er klokken?

Vad är klockan?

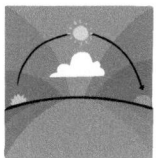

dag

dag

tid

tid

nu

nu

digitalur

digital klocka

minut

minut

time

timme

# uge
## vecka

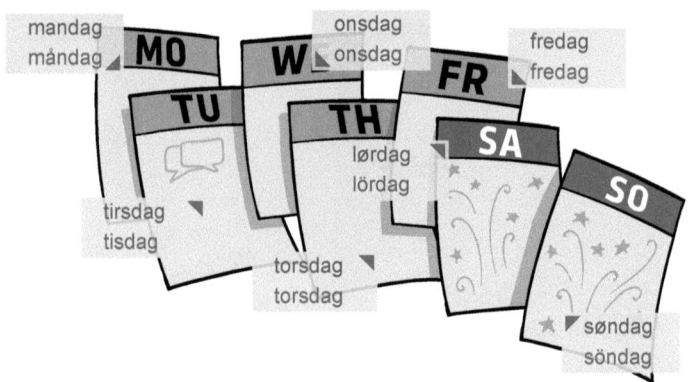

mandag · måndag · **MO**
tirsdag · tisdag · **TU**
onsdag · onsdag · **W**
torsdag · torsdag · **TH**
fredag · fredag · **FR**
lørdag · lördag · **SA**
søndag · söndag · **SO**

i går

igår

i dag

idag

i morgen

imorgon

morgen

morgon

middag

middag

aften

kväll

| MO | TU | WE | TH | FR | SA | SU |
|----|----|----|----|----|----|----|
| 1  | 2  | 3  | 4  | 5  | 6  | 7  |
| 8  | 9  | 10 | 11 | 12 | 13 | 14 |
| 15 | 16 | 17 | 18 | 19 | 20 | 21 |
| 22 | 23 | 24 | 25 | 26 | 27 | 28 |
| 29 | 30 | 31 | 1  | 2  | 3  | 4  |

arbejdsdage

vardagar

| MO | TU | WE | TH | FR | SA | SU |
|----|----|----|----|----|----|----|
| 1  | 2  | 3  | 4  | 5  | 6  | 7  |
| 8  | 9  | 10 | 11 | 12 | 13 | 14 |
| 15 | 16 | 17 | 18 | 19 | 20 | 21 |
| 22 | 23 | 24 | 25 | 26 | 27 | 28 |
| 29 | 30 | 31 | 1  | 2  | 3  | 4  |

weekend

helg

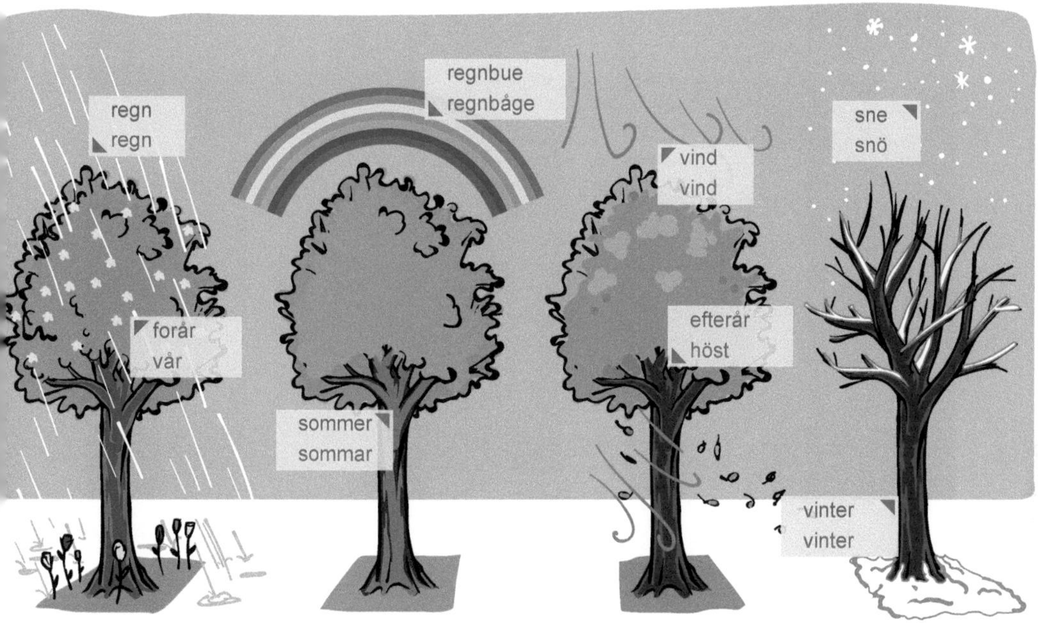

regn
regn
regnbue
regnbåge
sne
snö
vind
vind
forår
vår
efterår
höst
sommer
sommar
vinter
vinter


4.APRIL 11°
5.APRIL 4°
6.APRIL 13°
7.APRIL 8°
8.APRIL 10°


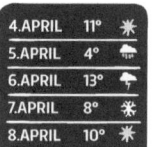

vejrudsigt

väderprognos

F
C
120
90
60
30
0
-30
40
30
20
10
0
-10
-20


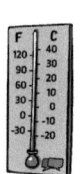

termometer

termometer

solskin

solsken

sky

moln

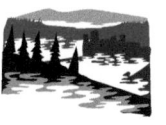

tåge

dimma

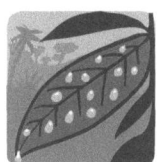

luftfugtighed

luftfuktighet

lyn

blixt

torden

åska

storm

storm

hagl

hagel

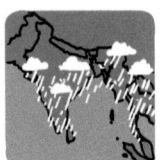

monsun

monsun

flod

översvämning

is

is

januar

januari

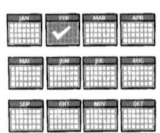

februar

februari

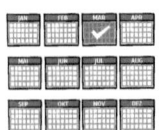

marts

mars

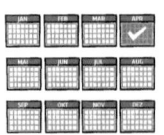

april

april

maj

maj

juni

juni

juli

juli

august

augusti

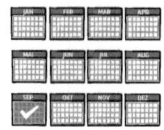

september
september

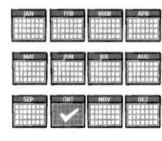

oktober
oktober

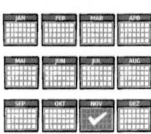

november
november

december
december

cirkel
cirkel

kvadrat
kvadrat

firkant
rektangel

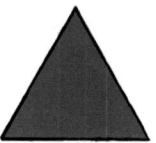

trekant
triangel

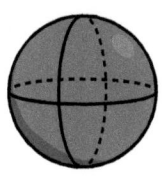

kugle
sfär

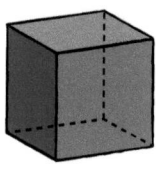

terning
kub

hvid

vit

gul

gul

orange

orange

pink

rosa

rød

röd

lilla

lila

blå

blå

grøn

grön

brun

brun

grå

grå

sort

svart

meget / lidt

mycket / lite

rasende / fredelig

arg / lugn

smuk / grim

vacker / ful

begyndelse / slut

början / slut

stor / lille

stor / liten

lys / mørk

ljus / mörk

bror / søster

bror / syster

ren / snavset

ren / smutsig

fuldkommen / ufuldkommen

komplett / ofullständig

dag / nat

dag / natt

død / levende

död / levande

bred / smal

bred / smal

spiselig / uspiselig

ätlig / oätlig

vred / venlig

ond / god

ophidset / kedet

upphetsad / uttråkad

tyk / tynd

tjock / smal

først / sidst

först / sist

ven / fjende

vän / fiende

fuld / tom

full / tom

hård / blød

hård / mjuk

tung / let

tung / lätt

sult / tørst

hunger / törst

syg / rask

sjuk / frisk

illegal / legal

olaglig / laglig

intelligent / dum

intelligent / dum

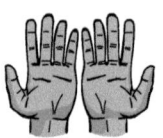

venstre / højre

vänster / höger

nær / fjern

nära / långt bort

ny / brugt
ny / begagnad

intet / noget
inget / något

gammel / ung
gammal / ung

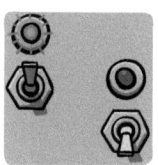

tændt / slukket
på / av

åben / lukket
öppen / stängd

stille / højt
tyst / högljudd

rig / fattig
rik / fattig

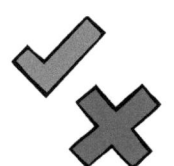

rigtig / forkert
rätt / fel

ru / glat
grov / slät

ked af det / lykkelig
ledsen / glad

kort / lang
kort / lång

langsom / hurtig
långsam / snabb

våd / tør
våt / torr

varm / kold
varm / sval

krig / fred
krig / fred

| **0** | **1** | **2** |
|:---:|:---:|:---:|
| nul | en | to |
| noll | ett | två |

| **3** | **4** | **5** |
|:---:|:---:|:---:|
| tre | fire | fem |
| tre | fyra | fem |

| **6** | **7** | **8** |
|:---:|:---:|:---:|
| seks | syv | otte |
| sex | sju | åtta |

| **9** | **10** | **11** |
|:---:|:---:|:---:|
| ni | ti | elleve |
| nio | tio | elva |

**12**

tolv
tolv

**13**

tretten
tretton

**14**

fjorten
fjorton

**15**

femten
femton

**16**

seksten
sexton

**17**

sytten
sjutton

**18**

atten
arton

**19**

nitten
nitton

**20**

tyve
tjugo

**100**

hundrede
hundra

**1.000**

tusinde
tusen

**1.000.000**

million
miljon

engelsk

engelska

amerikansk engelsk

amerikansk engelska

kinesisk mandarin

kinesisk mandarin

hindi

hindi

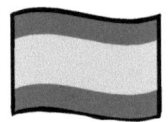

spansk

spanska

fransk

franska

arabisk

arabiska

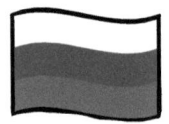

russisk

ryska

portugisisk

portugisiska

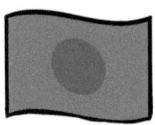

bengalsk

bengali

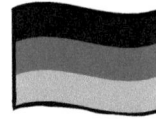

tysk

tyska

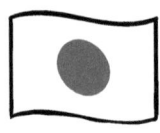

japansk

japanska

jeg

jag

du

du

han / hun / den / det

han / hon / den (det)

vi

vi

I

ni

de

de

hvem?

vem?

hvad?

vad?

hvordan?

hur?

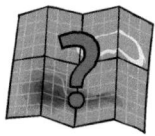

hvor?

var?

hvornår?

när?

navn

namn

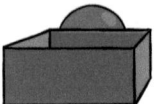

bag

bakom

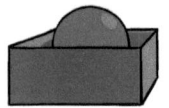

i

i

foran

framför

over

över

på

på

under

under

ved siden af

bredvid

imellem

mellan

sted

plats